# Disfrutando la vida

## Un *estudio para todas las edades*

## Carlos Peirone

**Ediciones Crecimiento Cristiano**

© Ediciones Crecimiento Cristiano
Córdoba 419, Tel.: 0353-4912450
Dirección postal: Cordoba 419
5903 Villa Nueva, Cba. - Argentina

oficina@edicionescc.com
www.edicionescc.com

Primera edición
I.S.B.N. 950-9596-95-7

Ediciones Crecimiento Cristiano es una asociación civil
sin fines de lucro dedicada a la enseñanza del mensaje evangélico
por medio de la literatura.

Diseño de la tapa: Ana Ruth Santacruz

IMPRESO EN ARGENTINA
VM6

# Indice:

# Prólogo

En el presente trabajo quiero enfatizar que "vivir vale la pena", que hay que vivir hasta la muerte, a todo pulmón, disfrutando del pan y del vino con quienes queremos. Intento con estas lecturas prepararnos hoy, y equiparnos para aprender a envejecer mañana, haciendo de la vida una aventura. Está pensado para ser leído y trabajado de manera personal o mejor con un grupo. Por eso el lector encontrará información, pero también preguntas a responder y actividades a realizar.

Pretendo desafiarlos a vivir mejor, a valorar la vida con cada una de sus etapas, y estar agradecidos por todas las posibilidades que Dios nos ha dado.

También pretendo que aprendamos a valorar a la vejez como una etapa más de la existencia, que tiene tanto valor para Dios como cada una de las demás.

Por último, quiero transmitir al lector la idea de que Dios nos ama, más allá de nuestros talentos y capacidades físicas, más allá de nuestra productividad; y que nos acompañará siempre "desde el vientre de mi madre" hasta el fin de nuestros días, si así le pedimos.

## Dedicatoria

Este estudio se originó en un trabajo posterior de tesis de C.E.T.I. (Centro de Estudios Teológicos Interdiscipinarios) y quiero dedicarlo con cariño a mis maestros. A todos aquellos que contribuyeron a mi formación personal.

C.A.P. Julio 2003

# Aproximación al tema

El tema a estudiar nos involucra a todos. aunque seamos hoy jovenes, algún día no muy lejano *todos* llegaremos a viejos. Así que el estudio pretende ser de utilidad general. Aunque hoy creamos que para la vejez "falta mucho", veremos que esto no es tan así ya que, aunque no nos guste, el envejecimiento es un proceso permanente. Por lo tanto, nos conviene empezar a pensar en la vida y en la muerte ahora, como también en el uso que hacemos del tiempo y del cuerpo en el presente.

Jorge León escribía hace un tiempo, en 1974 (nota 7), que "la evangelización de los ancianos es un tema nuevo. Por lo general, en las iglesias, hay programas para niños, jóvenes, damas, etc., pero no conozco una sola congregación de América Latina que tenga un programa especial para personas mayores de 60 o 65 años". "Los ancianos son, quizás, las personas que más necesitan del Evangelio y las que más descuida la iglesia". También se une Paul Tournier en este sentido, reclamando una revolución para los viejos. Un lugar como el de los niños, como el de los adolescentes. "¿Por qué no hay reunión de ancianos en las iglesias?" se preguntaba.

Hoy, entiendo que las cosas han cambiado un tanto a lo que ocurría 30 años atrás, y sabemos que se está haciendo algún trabajo con adultos mayores. Este estudio procura aportar algo en este sentido.

Vamos a pensar en la voluntad de Dios para Nosotros en

cuanto a lo siguiente:

- ✓ ¿Cómo relacionarnos con los adultos mayores (como prójimos de ellos) de una manera mejor?
- ✓ ¿Cómo valorarlos según los criterios bíblicos?
- ✓ ¿Cómo prepararnos (nosotros como sujetos próximos a envejecer) para vivir esta etapa que nos irá llegando de a poco, recordando lo que dice Paul Tournier que "la preparación para el retiro de la actividad comienza temprano"?
- ✓ ¿Qué cosas podemos mejorar si ya hemos llegado a "los años dorados"?

Estaremos pensando en lo que la Biblia dice sobre la ancianidad, en cómo debemos vivir, como cristianos, esta parte de la vida que Dios nos da, y en cuál sería la tarea de la iglesia para con los adultos mayores que asisten a ella y para con los otros que están sin Dios y sin esperanza.

Que Dios nos bendiga al disponernos a estudiar su Palabra, y que esta guía nos ayude en la tarea.

Empecemos intercambiando ideas.

**1/ ¿Cómo es la relación entre los adultos mayores y los miembros de la familia, la gente del barrio, los miembros de la iglesia? ¿Se les respeta, o son una suerte de desecho social? ¿Qué opinan ustedes?**

**2/ Si es adulto mayor,¿se siente aislado, solo?**

**3/ ¿Le parece que la gente, especialmente los jóvenes, tratan a los adultos mayores con respeto?**

Al leer Romanos 12.2, Pablo nos dice que "no nos conformemos a este siglo, sino que nos debemos transformarnos por medio de la renovación de nuestro entendimiento, para que comprobemos cual es la buena voluntad de Dios, agradable y perfecta".

Pero es casi inevitable que la sociedad utilitaria y materialista nos afecte aun a nosotros, los cristianos, en cuanto a nuestra actitud hacia los ancianos.

**4/ ¿Puede pensar en algunos ejemplos concretos? Anótelos.**

La poesía que sigue es de Mario Benedetti.

### Síndrome

*Todavía tengo casi todos mis dientes,*
*casi todos mis cabellos y poquísimas canas.*
*Puedo hacer y deshacer el amor,*
*trepar una escalera de dos en dos*
*y correr cuarenta metros detrás del ómnibus.*
*O sea que no debería sentirme viejo.*
*Pero el grave problema es que antes*
*no me fijaba en estos detalles.*

**5/ ¿Se siente identificado? Comente sobre experiencias personales.**

Para el grupo:
**6/ Terminemos haciendo un ejercicio. Anotemos a las personas mayores que cada uno tiene cerca, que son nuestros prójimos, y oremos por ellos. Vayamos pensando en cómo podríamos acercarnos y tenderles una mano.**

Un caballero de unos 85 años estaba preocupado porque pensaba que su esposa estaba llegando a ser sorda. Así que fue al especialista para pedir un turno. El médico dijo que la podía ver después de un par de semanas, pero que, mientras tanto, podía hacer una prueba simple.

"Lo que tiene que hacer es esto", dijo el médico, "a una distancia de unos 15 metros decirle algo en un tono normal. Si no le oye, entonces acercarse a unos 10 metros. Si todavía no oye, acercarse a unos 5 metros. Así vamos a ver la gravedad de su problema".

Esa noche, mientras que su esposa estaba preparando la cena, le habló desde la sala: "Querida, ¿qué vamos a comer esta noche?" No hubo respuesta.

Se acercó a la puerta entonces, y le preguntó de nuevo. "Querida, ¿qué vamos a comer esta noche?" No hubo respuesta.

Entró luego en la cocina, a unos 5 metros de ella, pero lo mismo.

Al final caminó hasta estar a su lado y le preguntó de nuevo: "¿Querida, que vamos a comer esta noche?"

"Por favor, Juan, ¡ya te dije tres veces que vamos a comer POLLO!

# La realidad del mundo

**3**

P arece ser que en nuestra tierra cada vez habrá más gente anciana. La expectativa de vida va creciendo y si antes era de 63 años, dentro de 50 años se extenderá hasta los 75 y en los países ricos hasta los 82. Tengamos en cuenta que enel Siglo I el promedio de vida era de 25 años y a principios del siglo XX era de 50 años.

Un artículo del periódico Clarín (nota 11) nos dice que la población del mundo está envejeciendo rápidamente, que descendieron las tasas de natalidad y de mortalidad. Según las Naciones Unidas, las personas de más de 60 años eran en 1950 el 8% de la población mundial, en el 2025 serán el 14 % y en el 2050 el 22% del total. Esto es gracias a los avances científicos y mejoras de las condiciones sanitarias que nos prolongan la vida.

*"**Hoy hay más adultos mayores**"*. ¿Por qué?

✓ Porque avanzó la medicina.
✓ Porque disminuyó la mortalidad temprana.
✓ Porque la vida en familia aumentó las expectativas de vida: Protegidos vivimos más tiempo.

Dice René Knopoff (nota 4) que en la Asamblea Mundial sobre el envejecimiento, en Viena, 1984, se acordó considerar "ancianos" a todos los mayores de 60 años y se los dividió en dos grupos segúN la edad:

a) "Viejos jóvenes": entre los 60 y 74 años. Serían los más activos en su generalidad.
b) "Viejos-viejos": más de 75 años. Serían generalmente los más dependientes y enfermos.

La ancianidad es una etapa más de la vida con sus posibilidades y sus limitaciones, como cualquier otra etapa, con cambios en nosotros y en nuestro entorno.

**1/ Haga una lista, según su criterio, con las posibilidades que ofrece la ancianidad por un lado, y otra columna con las limitaciones que se vienen. Compare sus aportes con los del resto del grupo, y opinen sobre las posibilidades y las limitaciones a que se enfrentan.**

*Posibilidades*                      *Limitaciones*
Ejemplo:   experiencia             somos   más
lentos

Informaciones del diario nos dicen que a mediados de siglo, uno de cada cuatro argentinos tendrá más de 60 años, colocando a la Argentina entre los países de más alto envejecimiento de la población en América Latina. Según el INDEC en 1991, el porcentaje de personas mayores de 60 años en el país era del 12,9 %; en el 2002 se estima que llega a un 13,3 %. El problema que se plantea es que, si bien se prolonga la vida, no ocurre lo mismo con la calidad de vida.

Se calcula que en el año 2050, en la Tierra, el número de personas mayores de 60 años sobrepasará al de menores de 15 años. En Europa será España el país con más viejos, y en América Latina, Argentina. Esta revolución silenciosa tendrá enormes efectos económicos, sociales, culturales, sicológicos y religiosos para el mundo.

Dicen dos estrofas de la canción popular "Cambia", del cantautor chileno Julio Numhauser:

*"Cambia lo superficial*
*cambia todo lo profundo*
*cambia el modo de pensar*
*cambia todo en este mundo.*

*...cambia el pelaje la fiera*
*cambia el cabello el anciano*
*y así como todo cambia*
*que yo cambie no es extraño".*

Veamos algunos de los cambios que ocurren durante estos años.

## A - Cambios biológicos

Nuestro cuerpo empieza a deteriorarse a edades diferentes; empezamos a envejecer desde que nacemos. Nuestra piel, por ejemplo, se va haciendo más fina y más seca; sentimos más el frío y el andar es más lento; perdemos el pelo, los dientes, etc. Aparecen enfermedades, perdemos parcialmente los sentidos (olfato, vista, tacto, oído).

Pero la tarea es llegar a ser viejo "en las mejores condiciones que sea posible". Algunas sugerencias:

Intentar leer con buena luz; comer comidas suaves, evitando los excesos e incorporando nuevos alimentos a nuestra dieta; evitar el alcohol y el cigarrillo, que anulan el gusto y el olfato. Cosas así nos ayudarán a cuidar nuestra casa, nuestro cuerpo. También son importantes los chequeos médicos periódicos y una medicación controlada. Dicen los médicos que elmejor tratamiento es la prevención y el diagnóstico precoz (nota 12)

El Dr. Patricio Greene nos recomienda a disfrutar sin excesos de la luz del sol; establecer buenos hábitos de reposo, durmiendo la cantidad de horas necesarias y en tiempos regulares; tener un programa de actividad física según cada caso en particular; y, finalmente, tener fe, la que nos provee de seguridad y nos da sentido de pertenencia (nota 13).

**2/ ¿Qué estamos haciendo por cuidar nuestros cuerpos? Proponga al grupo alguna idea o recomendación que contribuya a esto.**

## B - Cambios sociales

Algunas sociedades rinden culto al anciano y desprecian al joven (algo de esto le ocurrió a Timoteo; Pablo le dijo: "evita que te desprecien por ser joven").

Otras sociedades actúan a la inversa: no valoran a los adultos mayores y así éstos quedan aislados, escondidos, anulados, dando lástima.

**3/ ¿En qué sociedad estaremos nosotros? Fundamente su repuesta.**

Ningún extremo es bueno. Habrá que lograr un equilibrio: ver a la vejez con posibilidades y limitaciones, con algo para dar y algo para recibir; como una etapa para participar, para abrir puertas a la acción y a la reflexión.

## C - Cambios sicológicos

Como ya vimos, al llegar a ancianos nos volvemos más lentos para actuar, para caminar, para tomar resoluciones. Nuestra sociedad nos golpea con una jubilación pobre, nos excluye de la producción, no nos valora. Pero se puede *resistir al entorno*, modificarlo. Podemos estimular la *cooperación*, el trabajo y no la *competencia*. Participar más en la comunidad, buscar una mayor inserción puede ser todo un desafío.

**4/ ¿Qué propuestas se le ocurre? ¿Qué se podría hacer?**

Podemos ver la vida como un vaso medio vacío y llorar por lo que no tenemos, o medio lleno y festejar lo que nos queda por vivir.

**5/ Dibuje su propio vaso y llénelo Hasta el nivel que representa su propia vida. ¿Una tercera parte llena? ¿La mitad... o más de la mitad?**

**6/ ¿Cuál es su actitud ante la vida y cuál debería ser la actitud de un cristiano? Considere cómo va a mirar la vida de ahora en adelante.**

**7/ Piense en algunos versículos bíblicos que avalen esta idea y luego compártalos en el grupo.**
Por ejemplo. Filipenses 3.12-14; 4.4-6; 4.13.
Otros serían: ....

> **Envejecer es como subir una montaña: las fuerzas van decayendo, pero la vista es más amplia.**
>
> Ingmar Bergman

# Frente a las pérdidas

**E**s inevitable que, con el paso de los años, tengamos que enfrentar distintas pérdidas. Es mejor pensar cómo enfrentarlas ahora, que cuando ocurran.

La ancianidad es tiempo de recuento, de verdad desnuda, de examen de conciencia. No es la vejez una época fácil de nuestra vida, pero en la debilidad podemos encontrar fortaleza. El apóstol Pablo escribe que cuando es débil es cuando más fuerte se siente. Cristo nos fortalece.

## Ante la pérdida del trabajo

Paul Tournier propone un retiro paulatino del trabajo, para que la crisis sea menos pronunciada. Esto no es fácil en nuestra sociedad, pero habría que pensar en algo que nos acerque a este planteo. Y va más allá, diciendo que sería necesario hacer un cambio en la legislación, para que el retiro fuese menos abrupto y menos crítico. Que fuera más opcional, paulatino, reduciendo días, horas, ampliando el tiempo de las vacaciones. Esto ayudaría a irse preparando a la mayor disposición de tiempo libre que después llegará, y no encontrarse con él de la noche a la mañana. Por eso será importante ir desarrollando actividades alternativas, aprendizajes nuevos como manualidades, pintura, trabajo en madera, jardinería, idiomas, lectura, etc. (nota 25 )

En el diario Clarín encontramos un suplemento para gente mayor y de allí extraemos las siguientes sugerencias para que sean comentadas (nota 14):

1) **Planifique**: Traslade imaginariamente su vida actual a la situación hipotética de no tener que trabajar. Piense que dispone de todo ese tiempo que invertía en su tarea laboral para hacer otras cosas. Intente recuperar, lapicera y papel en mano, aquellas cosas que alguna vez deseó hacer y no pudo por falta de tiempo. Quizá se trate de actividades recreativas o incluso alguna actividad comercial que alguna vez imaginó poner en marcha.

2) **Usted está primero**: Es posible que, ante la nueva situación, familiares y allegados supongan que usted, con todas su potencialidades, está a disposición de ellos. No está mal poner su tiempo y energía al servicio de los demás, siempre que Ud. disponga hacerlo y no sea una demanda ajena, motivada por la preocupación de que tenga su tiempo libre ocupado.

3) **No se aleje del mundo**: Separarse de su ámbito laboral no implica tener que tomar distancia del mundo afectivo que Ud. construyó con sus compañeros. Siga en contacto con ellos. Jubilarse no lo obliga a "borrarse" del mundo social. No se excluya. Su nuevo lugar en el mundo puede resultar muy interesante.

4) **Pida ayuda si le hace falta**: Todos pasamos por etapas de transición, como es esta etapa de dejar el trabajo. La existencia es cambio permanente, y es bueno escuchar a los demás que pasaron por momentos similares y podrán contarle sus propias vivencias.

18

5) **Permítase el placer**: La edad del retiro es ideal para pasarla bien. Hay menos responsabilidades, los hijos ya son grandes, a los nietos puede "malcriarlos", y la vida está allí, para ser degustada como nunca. Cine, teatro, tevé, libros, amor, sexo, amigos y aprendizaje, son cosas que no tienen porque terminar nunca. Usted pasó años anhelando tener un tiempo libre que entonces carecía. Ahora, ése es uno de sus mayores capitales. Aprovéchelo creativamente. Invente cosas para hacer, visite a las personas que habitualmente nopodía visitar, comparta el tiempo con la gente que lo quiere, conviértase en un turista en su propia ciudad y pasee sin gastar dinero.

1/ **Ahora debatan estas cinco propuestas, vean si están de acuerdo o no, y qué otras se les ocurren.**

## Ante la pérdida de ingresos económicos.

En nuestra realidad, generalmente y paradójicamente, la ancianidad nos encuentra con menores recursos económicos. Las jubilaciones pobres, la falta de ingresos, nos presionan para reducir gastos y achicar necesidades. Estos "achiques" no alegran a nadie. Tener que manejarnos con menos dinero, depender de otros que nos ayuden, no contribuye con nuestra autoestima. Esta pérdida de ingresos económicos es difícil de digerir. Dejar de tener auto, vacaciones, gustos que algunos nos dábamos y ahora no, es un golpe que hay que asimilar. Más adelante se recomienda prepararse en este sentido para esta etapa, preveer en lo posible lo que vendrá, hacer alguna especie de reserva económica, de ahorro en tiempos de vacas gordas (si los hay) para cuando lleguen las tiempos de vacas flacas.

## Ante la pérdida de seres queridos: el duelo, la viudez, el dolor y la muerte.

"Dos cónyuges muy unidos pueden sufrir muchas penas crueles, pero las viven juntos. En cambio la viudez no es una simple pena, sino una pena solitaria" (nota 26). Con el paso de los años nuestros amigos y conocidos se van muriendo, van pasando del otro lado de la muralla, la lista de los afectos se reduce y la ancianidad es el tiempo en el que más naturalmente se empieza a mirar hacia el umbral de la eternidad.

### El duelo:

Esly Carvalho dice en su libro (nota 15), al tratar el tema de los vínculos de la pareja que se rompen, que ante el dolor de las pérdidas nos encontramos con peligros y oportunidades. "El duelo es el único mal humano que el tiempo realmente ayuda a superar". *El duelo* no puede ser resuelto, debe ser vivido y sufrido, no hay otra más que pasarlo, no hay otro remedio más que el duelo. Afirma esta Autora que ante un abandono, muerte o divorcio de un ser querido, se debe llorar y se debe sentir su dolor. Permitirnos sentir y vivir la pérdida, y en el mejor de los casos acompañados por alguien que nos escuche.

### Ante la muerte:

La muerte tiene para nosotros, seres caídos y marcados por el pecado, una dimensión de oscuridad que nos entristece y da miedo, pues fuimos hechos por Dios para la vida. No obstante, la Biblia nos habla de un Dios de vivos y no de muertos (Lucas 20.38). Y nos trae esperanza de eternidad, de inmortalidad. En Cristo, la muerte es rescatada y transformada, y nos acerca a los brazos del Padre. La muerte es un paso así, que nos lleva de la vida a la vida, de esta tierra a estar con el Creador.

### Ayudas ante la muerte del ser querido:

Superar la muerte de quien hemos elegido para vivir toda nuestra vida lleva tiempo. Es uno de los hechos más difíciles de enfrentar porque fue una de las decisiones más importantes que hemos tomado en nuestra vida. Esly Carvalho (nota 27) nos sugiere algunas Ayudas ante las pérdidas:

1- Hágase cargo de su propia vida y no que sus hijos (o parientes) manejen su dinero y actividades. Haga sus propias decisiones.

2.- Evite decisiones drásticas durante el primer tiempo de las que luego pueda arrepentirse, como vender su casa, etc. En todo caso busque buenos consejos.

3.- Mantenga su rutina. Oblíguese a hacer lo que hacía antes, salga de compras, trabaje, realice sus actividades habituales.

4.- Salga de su casa. No se quede solo. Hay muchos que necesitan ser visitados, visítelos. Visite vecinos, a alguien que cumpla años, a algún enfermo, algún nacimiento. Son oportunidades para visitar a la gente con un motivo. Y si no, visite por visitar nomás.

5.- Luche con la soledad. Busque a los viejos amigos o establezca nuevos vínculos, nunca es tarde para crear relaciones nuevas.

6.- Cuídese, mímese a sí mismo. Haga cosas que le gusten, que le traigan alivio.

7.- Haga ejercicios. Busque alguna actividad que le agrade y la disfrute, la actividad física nos hace sentir mejor.

8.- Si lo desea, llore. Debemos permitirnos llorar cuando lo sentimos.

9.- Cuidado con las pastillas y el alcohol. Si necesita medicación consulte con su médico, automedicarse es riesgoso y puede crearnos adicción. El alcohol tampoco es solución, alivia momentáneamente pero es una ilusión temporal que puede dañarnos mucho.

10.- Dedique tiempo a Dios. En la soledad podemos encontrar el consuelo y la bondad de Dios. No deje de ir a la iglesia, de reunirse con hermanos que tienen la intención de ayudarnos, aunque a veces no tengan palabras más adecuadas para hacerlo, valore su voluntad.

11.- Por último, se sugiere intentar ir revisando cada tres meses como vamos progresando. Evaluarnos a nosotros mismos, ver los cambios logrados, las mejorías. No es fácil, pero vale la pena intentar.

**2/ ¿Cuál de las recomendaciones le parece más util para su caso? En el grupo cada uno puede compartir lo que le ha servido para su situación particular.**

Escribiendo sobre la muerte, el filósofo Lou Marinoff (nota 28 ) nos diceque "la muerte es algo que alcanza a todos, a cada familia. Es sólo una cuestión de tiempo". Lo que es inevitable no debe lamentarse en exceso. Algo común que nos pasa es el creer que la vida no tiene fin, que la muerte no existe, la negamos en la vida real y la aceptamos sólo en la T.V.; creemos que no existe o que no nos alcanzará a nosotros. Antes se aceptaba más naturalmente, hoy no, es una carga insoportable, nos cuesta aceptar la muerte como parte de la vida. "Cuando mueren nuestros seres queridos no nos entristecemos por ellos, sino por nosotros, pues eran personas esenciales para nuestra existencia". Sus vidas eran luces que alumbraban a las nuestras y hoy ya no nos alumbran ni calientan. "Perdemos algo nuestro cuando muere un ser querido".

## Ante la pérdida de la salud

"...las afecciones y los achaques que más pesan son aquellos que perjudican la comunicación con el prójimo, ya sea que afecten a la visión, el oído o la movilidad" (nota 29).

Hay un pasaje que se puede considerar y estudiar en Eclesiastés 12:1-8 en el que se describe este proceso de envejecimiento y muerte por el que vamos a atravesar, nos habla de la pérdida de los sentidos, de la pérdida de las fuerzas, de la falta de equilibrio, etc. Se nos exhorta en este texto, a acordarnos del Creador cuando todavía somos jóvenes, cuando todavía no hayan llegado los días más duros.

Lea este pasaje en la versión "Biblia al día", si es posible, que es una paráfrasis y permite entenderlo mejor.

**3/ ¿Qué encontró en su estudio del pasaje acerca de cómo vivir la vida?**

El anciano Juan en su tercera carta, versículo 2, escribió: " Amado yo deseo que tu seas prosperado en todas las cosas, y que tengas SALUD...". Puede ser ésta también nuestra oración a Dios y nuestro deseo para con aquellos que tenemos al lado.

## Ante la pérdida del poder

Los ancianos quejosos son los que no quieren dejar de mandar, dice P. Tournier (nota 30). Como no pueden hacerlo en su trabajo, tiranizan a su familia y a sus allegados.

Muchos gritan su rebelión contra la vejez poRque no aceptan el "ocaso de la autoridad". Cuanto más ha sido el éxito personal, más cuesta dejar su influencia. "Confiar en los jóvenes, entregarles el papel de líderes, pero sin desinteresarse de la empresa común, es la base de la evolución fecunda de la sociedad" (nota 31). Tournier habla del "renunciamiento a la autoridad jerárquica", y que en esta coyuntura *cada uno debe "descubrir que su valor personal no reside en la función que cumpla en la sociedad, sino en su propia persona, liberada y despojada de toda vestidura exterior"*.

Más adelante, sobre este mismo tema, agrega: "Reclamar respeto, pretender imponer consejos, implica buscar el ejercicio de un cierto poder sobre el prójimo, y yo creo que el logro de la vejez está en el abandono de la voluntad de poderío"; "el mundo es apasionante aunque uno no cumpla un papel destacado en él". Y remata diciendo: "Para mí, el sentido de la vejez está en la sublimación del instinto de poder" nota 32). Esto significa que debe haber un desplazamiento de la ambición.

**4/** ¿Está de acuerdo con el planteo de Tournier, es decir, que la vejez implica abandonar toda ambición, no reclamar respeto, no imponer consejos, etc.? Explique su respuesta.

## Ante la pérdida de la esperanza

A continuación veremos qué nos dice la Biblia sobre la esperanza. Vemos aquí que la esperanza es algo que se cultiva y que en Dios encontramos un lugar donde abastecernos de ella. Dios es fuente de esperanza (Salmo 62.5). En el libro de Proverbios encontramos la idea de que la esperanza puede destruirse (Proverbios 23.18), y el llamado de Dios es a poner nuestra esperanza en Él y no hacer como el pueblo de Israel que puso su esperanza en la fuerza de Egipto, poniéndose bajo su sombra (Isaías 30.2).

**5/** Los siguientes pasajes son muy ricos en palabras de esperanza. Mediten en ellos y expliquen en sus propias palabras en qué consiste la esperanza.
a) Isaías 33.2

b) Isaías 40.31

c) Isaías 49.23.

d) Miqueas 7.7.

Al cristiano la esperanza le da una nueva actitud frente al mundo, por ejemplo, ver Romanos 12.12. Por su parte, 1 Tesalonicenses 4.13 establece una relación entre la esperanza y la alegría, como también entre la desesperanza y la tristeza. El cristiano encuentra motivos por los cuales vivir, significado y propósito a su vida, fuerzas para construir la esperanza y mantenerse firme en ella (Hebreos 6.11 y 10.23).

"Nada es peor que perder la esperanza" (nota 33). Los que se dejan estar hasta la muerte son los que no tienen tarea, ni fin, ni esperanza, ni le dan un sentido a su vida. No hay dicha sin una finalidad vital, no hay plenitud cuando la vida parece absurda, afirma P.Tournier en el libro que seguimos (nota 34). Lo que mata a los jubilados no es una amenaza exterior, sino un drama íntimo. La vida es una tarea para llevar a cabo. Y esta tarea está siempre inconclusa, nunca se acaba. Como dijo R.Schaerer "Vivir es evolucionar sin términos, es evolucionar hasta la muerte" (nota 35).

"Una ventaja del caminar lento es que no hace falta detenerse para mirar las vidrieras".

# La ancianidad según la Biblia

**E**n nuestra sociedad nadie quiere ser viejo. A ellos se los trata de inoportunos, sucios, lentos, temerosos y pobres. Con los años llega el desgaste del cuerpo, a lo que se le suma la soledad, el aislamiento, la rutina, la escasez económica, la desvalorización.

Vamos a ver ahora cómo se los ve a los ancianos en la Biblia y qué nos enseña la Palabra de Dios en cuanto a esto.

## La ancianidad en el Antiguo Testamento

Escribe Frei Betto, sacerdote católico brasileño, una frase que quiero compartirles: "Que hermosos tiempos aquellos de mi niñez, cuando pedíamos la bendición de los más viejos. Y teníamos todo el tiempo del mundo para escuchar sus experiencias y enseñanzas".

**1/ ¿Ustedes vivieron algo así en su niñez? ¿Qué recuerdos tienen respecto al trato que tenían con los ancianos de su niñez?**

Mario Benedetti dice así en una poesía:

**Confidencial**
Fueron jóvenes los viejos
pero la vida se ha ido
desgranando en el espejo
y serán viejos los jóvenes
pero no lo divulguemos
que hasta las paredes oyen.

En Israel los adultos mayores eran tenidos como sabios, respetados, honrados. Daban consejo, juzgaban, eran consultados: "Los ancianos tienen sabiduría, la edad les ha dado entendimiento" dice el libro de Job 12.12.

Las canas eran honradas (Proverbios 20.29), eran la reserva religiosa del pueblo. En la iglesia primitiva a los líderes se les llamaba "ancianos", nombre que nos ha llegado hasta hoy. Tenían la función de gobernar la iglesia y se les debía honra y respeto (1 Timoteo 5.19). Eran los ancianos los que visitaban enfermos, oraban por ellos y los ungían con aceite (Santiago 5.14). En Apocalipsis también vemos ancianos en un lugar de privilegio cerca del Cordero (Apocalipsis 5.6).

En el Antiguo Testamento la edad daba derechos, el anciano estaba al frente de la familia, era un patriarca, un jefe de tribu, ejercía el gobierno. También sabemos que un grupo de 70 ancianos ayudaba a Moisés a gobernar al pueblo (Números 11.16-24).

Levítico 19.32 dice: "Ponte de pie y muestra respeto ante los ancianos." y 1 Timoteo 5.1-2 nos exhorta: "No reprendas al anciano, aconséjalo como si fuera tu padre y a las ancianas como si fueran tu madre".

También podemos leer Proverbios 23.22 hablando sobre la relación padre anciano-hijo joven.

**2/ ¿En resumen, qué comportamientos nos dice la Biblia que debemos tener frente a los adultos mayores?**

**3/ ¿Se obedecen estas enseñanzas en su casa, en su barrio, en su iglesia? Debatan.**

## Estudios de casos bíblicos

Veremos ahora casos concretos de adultos mayores que vivieron en tiempos bíblicos, deteniéndonos en cómo tramscurrieron sus últimos años, tratando de desprender del texto bíblico algunas enseñanzas y principios que puedan servirnos a nosotros.

Si la lista que ofrecemos es demasiado larga, podrán repartirse entre el grupo de estudio los personajes a estudiar, y luego comentar en el encuentro loS descubrimientos que cada uno hizo.

Hemos elegido algunos adultos mayores de los tiempos bíblicos, no todos. Si les interesa, pueden seguir investigando la vida de otros ancianos; puede ser un muy buen ejercicio. Nos encontraremos con hombres y mujeres como nosotros, de carne y hueso, con fortalezas y debilidades, y de ambos podemos aprender mucho.

## 4/ Personaje      Observaciones-enseñanzas
**Moisés**
a) Deuteronomio 31:2

b) Deuteronomio 34:1-12

**Caleb**
c) Josué 14:6-15

**Salomón**
d) 1 Reyes 3:14

e) 1 Reyes 11:1-13

**David**
f) 1 Crónicas 29:26-30

g) 1 Reyes 1:1-4

**Samuel**
h) 1 Samuel 12: 1-25

**Job**
i) Job 42:16-17

**Jacob**
j) Génesis 48

k) Génesis 49:28-33

**José**

l) Génesis 50:22-26

**Elí**

m) 1 Samuel 3:2-13, 17-18

n) 1 Samuel 4:15-18

**Ana**

o) Lucas 2:36-38

## Promesas de larga vida

En la Biblia encontramos varios pasajes que nos hablan de una relación entre una vida larga y la obediencia a Dios. Estudiemos estos pasajes y debatamos esta relación que se plantea.

**5/ ¿Qué dicen estos pasajes sobre el tema?**

a) 1 Reyes 3:14

b) Salmo 91:16

c) Proverbios 10: 27

d) 1 Pedro 3:10

**6/ A partir de esta lectura: ¿Qué demandas hace Dios a cambio de darnos una larga vida?**

**7/ En la carta a Tito, Pablo le recomienda cómo debían ser los ancianos. Lea Tito 2.2-5**
⇨*¿Se hace algo de esto en su iglesia o es muy difícil aconsejar a las mujeres más jóvenes?*

⇨En cuanto a las chicas próximas al matrimonio, ¿reciben algún tipo de asesoramiento? ¿Puede hacer sugerencias de cómo solucionar esta necesidad?

Dice el comentario bíblico de M. Henry que "una persona puede morir joven y, sin embargo, morir llena de días" (p. 625). Hay viejos que son jóvenes, y jóvenes que son viejos. La edad es un tema mucho más amplio que los años que uno tiene.

**8/ ¿Cuál será la diferencia entre un "joven viejo" y un "viejo joven"?**

# La cruda realidad

En nuestra sociedad, es difícil vivir la ancianidad con plenitud. Conocemos de las jubilaciones muy pobres, sabemos del desprecio social hacia los adultos mayores. Ellos no ocupan las cámaras de T.V. Al desgaste del cuerpo se une la soledad, el aislamiento, la rutina, la desvalorización. Se considera a la vejez como un defecto que debe ser evitado a toda costa. Todo vale con tal de seguir pareciendo joven.

Frente a este planteo, los cristianos debemos mostrar otros valores, otra realidad que pasará por el cariño, el afecto y el servicio por los más débiles. Nos tocará reivindicar a los adultos mayores y darles el valor que tienen.

Siguiendo aquí el artículo de Jorge Galli (nota 16), él manifiesta que podemos hacer reservas de distintos tipos para esta etapa vital, una especie de ahorro para las épocas futuras. Son las reservas económicas, culturales, afectivas y espirituales. Veámoslas.

## a) Reservas económicas

Ésta es la más crítica para muchos adultos mayores frente a la pobreza de las jubilaciones. Muchos adultos mayores ni siquiera tienen esto para pelear la vida. Aquí la clave puede ser la movilización y la asociación solidaria entre los mismos adultos mayores. Por ejemplo participar en un "Centro de

Jubilados". Estos centros hacen mucho por sus miembros, ofreciendo servicios de peluquería, enfermería, reuniones sociales, pañales, órdenes médicas, etc.

¿No tendríamos que pensar en algo así, en apoyar a algún cEntro de jubilados que ya existe en la ciudad o en crear uno si no lo hay? Sueñen, piensen. ¿Les parece descabellado pensar en cosas así? Atrevámonos a soñar cosas bellas. Tal vez puedan hacerse realidad alguna de ellas en sus vidas.

**1/ Elaboren por escrito propuestas, ideas, sueños.**

*b*) *Reservas culturales*

Entendemos aquí a la palabra cultura en un sentido amplio, como la define P.Tournier, al decir que "es el arte, la relación personal con el prójimo, la comunión con la naturaleza y la comprensión de la vida" (nota 17). Se sabe que a mayor nivel cultural en la población, hay mejor calidad de vida. Se pueden aprovechar las ofertas para estudiar y capacitarnos. Decirnos "a la vejez viruela", afirmando así que nunca es tarde para iniciar un proyecto educativo y romper el mito de ser "clase pasiva". Hay que hacer crecer la reserva cultural (educacional) de los adultos mayores.

Siempre ten presente que...
La piel se arruga, el pelo se vuelve blanco,
los días se convierten en años.
Pero lo importante no cambia:
Tu fuerza y tu convicción no tienen edad.
Tu espíritu es el plumero de cualquier tela de araña.
Detrás de cada línea de llegada, hay una de partida.
Detrás de cada logro, hay otro desafío.
Mientras estés vivo, siéntete vivo.
Si extrañas lo que hacías, vuelve a hacerlo.
No vivas de fotos amarillas.
Sigue aunque todos esperen que abandones,
no dejes que se oxide el hierro que hay en tí.

Haz que en vez de lástima, te tengan respeto.
Cuando por los años no puedas correr, trota.
Cuando no puedes trotar, camina.
Cuando no puedas caminar, usa el bastón. Pero
¡¡NUNCA TE DETENGAS!!

Teresa de Calcuta
(Reproducido en "Los Elegidos", Vol. 57)

**2/ ¿Que podrá ofrecer su iglesia o su grupo en este sentido?**

Ejemplo: la iglesia puede crear grupos de estudio bíblico, o grupos que aprenden a pintar, o a hacer manualidades, artesanías, etc.

Otras propuestas suyas:

"Afronté parejamente las actividades manuales y las intelectuales, y de la conjunción obtuve un sentimiento de plenitud humana" (nota 18) . Así vivió su vejez Tournier, y nos cuenta en su libro que poseía un taller, que en su casa hacía jardín, que aprendió albañilería, a trabajar la madera, el metal, etc. Nos recomienda este médico de la persona, desarrollar el gusto por aprender y comprender, emprender, ensayar, perseverar, corregirse, perfeccionarse, adquirir experiencia y habilidad manual, ampliar el propio horizonte ...crecer en el amor, porque interesarse es amar, amar a las personas y a las cosas. Pero nos advierte que "es necesario que ya exista la semilla, que el placer de aprender y conocer se haya cultivado a lo largo de toda la vida". Dichosos aquellos que pueden reaccionar contra el espíritu rutinario     gracias a entretenimientos cautivantes." (nota 19)

## c) Reservas afectivas

Necesitamos cultivar relaciones de amistad, de comunión, de afecto. La siguiente poesía describe una situación demasiado común.

**Pequeña** (nota 2)
*Dios, mis manos están viejas.*
*Nunca antes dije esto en voz alta,*
*pero la verdad es que están viejas.*
*Alguna vez estuve orgullosa de ellas;*
*eran suaves como piel de durazno maduro.*
*Ahora la suavidad es como de páginas viejas,*
*como hojas secas.*
*¿Cuándo fue que estas manos delgadas,*
*llenas de gracia,*
*se envejecieron y arrugaron así?*
*Aquí están ahora sobre mi falda,*
*testimonio mudo de este viejo cuerpo*
*que tan bien me ha servido.*

*¿Cuánto tiempo hace que nadie me toca?*
*¿Veinte años?*
*Por veinte años he sido una viuda...*
*Respetada.*
*Me han sonreído.*
*Pero nadie me toca,*
*nadie estruja mi cuerpo contra el suyo,*
*nunca me aprietan tanto y con tal calidez*
*que me hagan desaparecer ese sentir de soledad.*

Recuerdo cómo me abrazaba mi madre, Señor,
cuando alguien me hería en el espíritu
o en la carne.
Me apretujaba entre sus brazos,
acariciaba mi cabello sedoso
y me palmeaba la espalda
con sus manos cálidas.
¡Oh Dios, estoy tan sola!

Recuerdo el primer muchacho que me besó.
Los dos éramos tan nuevos en eso.
Sabor de labios jóvenes.
El sentir adentro esos misterios aún desconocidos.
Recuerdo a Quique... y a los niños.
¿Cómo podría recordarlos sino juntos?
Del intento torpe e inexperto
de amantes jóvenes
vinieron los bebés,
y al crecer ellos
también creció nuestro amor,
y, Dios, a Quique no le importó
cuando mi cuerpo engrosó
y se marchitó un poco.
Él todavía lo amaba y lo tocaba
y no nos preocupábamos
si ya no éramos tan esbeltos...
y los hijos me abrazaban mucho.

¡Oh, Dios, qué, sola estoy!
¿Por qué no criamos a nuestros hijos
para que fuesen tontos y nos dieran ternura

*a la vez que fueran dignos y correctos?*
*¿Viste? Ellos cumplen con su deber:*
*llegan hasta mi casa*
*en sus regios autos;*
*vienen a mi pieza y me saludan con cortesía,*
*parlotean y evocan recuerdos...*
*pero no me tocan...*
*Me llaman mamá o abuela,*
*nunca me dicen: "Pequeña" ... Mamá me llamaba*
*"Pequeña".*
*También mis amigos. Quique me decía "Pequeña" también.*
*Pero ellos se han ido. También se fue "Pequeña".*
*Sólo abuela está aquí.*
*¡Oh! ¡Y qué sola está!*

**3/ Charlemos sobre nuestras impresiones al leer esta poesía. ¿Qué les dice? ¿Que sienten?**

## La sexualidad

En general, la sociedad tiene un mensaje negativo con respecto a la sexualidad en la ancianidad, se considera que la vida sexual de los viejos es anormal y hasta repugnante. Pero ese concepto no es bíblico, Dios tiene una buena opinión sobre el sexo.

Dice Jorge Leon (nota 7): "La actividad sexual disminuye en el anciano en la misma proporción que todas las demás actividades, pero no tiene por qué desaparecer. Tabúes creados por una información deficiente crean serios conflictos, sobre todo en la mujer. El anciano suele necesitar orientación como el adolescente. Los dos polos se caracterizan por cambios en el cuerpo y una situación nueva".

Por su parte, Graciela de Echenbaun (nota 5) nos enseña que la capacidad sexual permanece en nosotros siempre. No existe el agotamiento sexual, es un mito. Lo mismo que el orgasmo, no desaparece. Dios nos creó seres sexuales para disfrutar del sexo dentro del matrimonio. De igual modo podemos enamorarnos y amar aún en la ancianidad. Siempre **necesitamos del contacto físico**, del tocarnos, besarnos, abrazarnos, etc.

**4/ ¿Están de acuerdo?**

*d)* **Reservas espirituales**

Es vital tener una visión bíblica de la vida. Para el cristiano la vida es ascender, ascender, y ascender hasta que lleguemos al cielo, que es nuestro destino, y ese destino es el que determina el proceso de la vida y la vejez. Contar con este recurso, con esta visión, nos permite aprender a disfrutar más de la vida aquí en la tierra.

Dice el Señor en Isaías 46.3-4:

*"Seguiré siendo el mismo cuando sean viejos, cuando tengan canas, todavía los sostendré. Yo los hice, y seguiré cargando con ustedes. Yo los sostendré y los salvaré".*

**5/ Remarca en el texto los verbos que muestran el accionar de Dios en esta promesa.**

**6/ ¿Qué nos está diciendo Dios aquí? Medite en este pasaje, tome un tiempo para pensar en estas palabras. Ore, apropiése de esta promesa de Dios.**

¡Qué bueno es Dios! ¡Qué grande es su misericordia! Saber que Dios nos acompaña desde la debilidad hasta la debilidad, nos da descanso. Desde niños indefensos hasta adultos mayores indefensos no nos deja solos. Nosotros cambiamos pero Dios es siempre el mismo, y sus brazos tienen siempre la misma fuerza. ¡Gloria a Dios, no estamos ni estaremos solos!

Enamorarse es el mejor modo de sentirse joven, escribió Vicente Batista y añadió "Nos dicen que hay edades para todo y establecen la vejez por decreto, pero cuando surge el amor, las teorías se derrumban". Cita la correspondencia que mantenía Sarmiento que desde Asunción le enviara a su antiguo amor, Aurelia Vélez Sarsfield, cuando tenía 77 años, donde le dice: "Venga al Paraguay y juntemos nuestros desencantos para ver sonriendo pasar la vida. Venga pues a la fiesta que tendremos ríos espléndidos, el Chaco incendiado, música, bullicio y animación. Venga, que no sabe la bella durmiente lo que se pierde de su príncipe encantado" (nota 20).

# Los ancianos por sí mismos (1)

**A**nalizaremos ahora las riquezas que tenemos para dar y compartir con otros. Veremos que la ancianidad es un tiempo de recoger frutos, pero también de siembra, de lucha, de heroísmo. Como afirma el Salmo 92:14

> *Aun en su vejez, darán fruto; siempre estarán fuertes y lozanos...*

## a - Los adultos mayores pueden...

**aconsejar,** pueden estimular y orientar a las generaciones que vienen. Son los depositarios de la memoria colectiva, los que atesoran el pasado y nos permiten conocerlo. Son ellos las raíces de nuestro presente, por eso su tarea de orientación es clave, y debe valorarse para no quedarnos sin memoria y sin pasado. O sea que ellos deben y pueden cuidar las tradiciones, brindar y recibir amor de la comunidad; pueden "aportar el calor humano y la relación afectiva que le falta a nuestra sociedad impersonal", haciendo de las relaciones personales un verdadero ministerio. "Al prestar un servicio, el hombre obtiene amigos." (Nota 36)

En el libro "Siervos hasta el fin"(nota 21) la señora Amelia Nonini de Arregui desarrolla un servicio que nos puede motivar a nosotros, y consiste en el "Ministerio de los llamados telefónicos". Se trata de utilizar el teléfono como una herramienta para conectarnos, y llevar una palabra de aliento, consuelo y esperanza a hermanos y personas que están pasando por dificultades. No tiene un gran costo, y permite a los ancianos, con dificultades para movilizarse servir por medio del uso del teléfono. Nos pareció una buena propuesta, hacer del llamado telefónico un verdadero ministerio. No importará si estamos en cama, en silla de ruedas, con muletas, etc. No se necesita gran preparación ni mucho tiempo para transmitir amor a través de un llamado telefónico.

Otra propuesta de servicio que nos puede animar es la visitación a personas hospitalizadas. El libro "Atención al paciente hospitalizado", de Herman Woelke (un capítulo del libro "Siervos hasta el fin"), nos indica cómo realizar una visita de una manera eficaz, oportuna, fructífera. Cómo visitar, qué decir, qué no decir, qué leer, cuándo orar.

El libro que acabo de citar, Siervos hasta el fin, es rico en propuestas de diferentes maneras de servir. NombrarEmos algunas de ellas como para que podamos tenerlas en cuenta. Armar un "Banco de medicamentos" (acopio de remedios usados, que pueden servir a otros); realizar talleres de lectura donde los adultos cuentan cuentos para los niños o a los que no pueden leer; servir con la profesión con la cual nos hemos jubilado (peluqueros, enfermeros, etc.), con el idioma (si manejamos otro), con el auto (transportando gente que no tiene vehículo); "adoptar" a un niño que no tenga abuelos; organizar una biblioteca o un video club en la iglesia; grabar y regalar los mensajes del culto a los que faltaron o están enfermos, o a terceros que tengan interés pero que no se animarían a asistir a una iglesia; cuidar niños durante el culto; formar un coro o participar en él. Por último, podemos dedicarnos seriamente a la oración, intercediendo por otros. Muchos necesitarán de nuestras oraciones, y ofrecernos para esta tarea de orar por otros es una excelente idea.

**1/ Frente a estas cosas para dar, elija alguna de ellas, distribúyanse las acciones nombradas y procuren ponerlas en práctica en esta próxima semana. En el nuevo encuentro del grupo, compartan las experiencias.**

Y ustedes que son más jóvenes pueden animar a los adultos mayores en ese esfuerzo, hacerles caso, darles lugar en la vida de la comunidad.

## b - Los adultos mayores pueden...

**no quedarse solos**, sino salir, agruparse, pelear y servir en lo que se pueda. "Quien vive para sí, encerrado en sí mismo, se desgasta, arruina y envejece más rápidamente" (Nota 22).

Paul Tournier (nota 37) opina que perdimos el sentimiento de comunidad, vivimos tiempos individualistas, tiempos del "sálvese quien pueda". Pero no podemos vivir aislados, autónomos, necesitamos ligarnos con otros, relacionarnos. Todos necesitamos afectos, comunicarnos, amar y ser amados. Tournier nos propone reencontrar el sentido de la comunidad. La naturaleza nos habla de vida comunitaria: veamos a las abejas o a las hormigas, y aprendamos de ellas. Todo individualismo extremo representa una rebelión contra Dios.

El desafío que planteamos es desarrollar redes de ayuda mutua, de reciprocidad de servicios, con parientes, vecinos, amigos. Vivir solos no significa estar solos. Podemos intentar crear redes para poder recurrir a otros y viceversa. Es bueno formar parte de un grupo con quienes compartir la vida. Los amigos son una buena medicina contra la soledad, pero habrá que trabajar cultivando estas relaciones. Y esto es tarea de cada uno y de nadie más.

**2/ Ahora pensemos en nosotros mismos: ¿Cómo estamos viviendo en este aspecto? ¿Relacionados con otros o solos? ¿Qué se les ocurre hacer para revertir la situación si fuera negativa? Propuestas:**

## c - Los adultos mayores pueden...

**agradecer lo vivido** y disfrutar con gratitud el presente, y no vivir quejándose. El quejarnos porque todo nos daña es una mentira porque presume que la vida de los demás es más fácil, que sólo nosotros tenemos problemas.

No hay que estar dando lástima para que nos quieran. Valemos para Dios siempre. La BibliA nos exhorta a ser agradecidos, a dar gracias en todo, esa es la voluntad de Dios.

**3/ Busquen versículos que afirmen esto y compártanlos con su grupo.**

Por ejemplo, pueden leer Filipenses 4.6.

Otros: ...

En de Hebreos 12.15 se nos dice: "Mirad bien, no sea que alguno deje de alcanzar la gracia de Dios; que brotando alguna raíz de amargura, os estorbe, y por ella muchos sean condenados". La amargura es algo que todos experimentamos alguna vez en carne propia. El asunto es que ésta no eche raíces, que podamos evitar que brote y ocupe espacios en nosotros que nos destruyan como personas. El desafío es cómo manejarla cuando llegue, porque llega. Tal vez por perder a un ser querido o bienes, o por chismes, o por conflictos no resueltos, incomprensiones, etc. Ella, una vez instalada, nos afecta la mente, las emociones, la voluntad, y es como una infección que avanza y corrompe, desanimándonos, haciéndonos renunciar a proyectos, a dejar actividades y servicios. Si anida en nosotros, nos vuelve cínicos, rebeldes, criticones, pesimistas; nos paraliza, nos deprime. Así dispersamos y desperdiciamos nuestras fuerzas.

Se sabe que la enfermedad encuentra un público preferido entre las personas quejosas, malhumoradas y pesimistas. El mal genio aleja las amistades. ¿Qué tal si nos proponemos pasarla bien y reírnos?

Es bueno recordar lo que hemos escuchado en otras partes acerca de que el buen humor reduce el estrés, aumenta las defensas, incrementa la protección cardíaca y funciona como estimulante para el organismo. Un minuto de risa equivale a tres cuartos de hora de relajación. En un artículo del Diario Clarín (Nota 38) se afirma esto al decirnos Ricardo Marchetti que con el tiempo, con los años, vamos perdiendo esta capacidad de reír que poseen los niños, y empezamos a ver "todo negro". Se dice que con una carcajada se ejercitan cerca de 50 músculos: se contraen todos los músculos de la cara, se relajan otros ampliamente, se producen contracciones beneficiosas del diafragma, la ventilación respiratoria llega al máximo y se producen jugos gástricos y saliva. La risa, al fin y al cabo, es una cosa muy seria.

**4/ ¿Cuántas veces se ríe en un día? Si es poco, ¿qué puede hacer para mejorar la situación?**

## d - La gente mayor puede...

**prepararse para enfrentar la muerte**. La muerte es una realidad que no podemos evitar, y no debemos improvisar frente a un hecho tan común como importante. Hay que tener el deseo del buen morir, que no es entregarse pasivamente. "Pero para saber morir, hay que saber vivir"... "*vivir hasta la muerte*". Que la muerte nos sorprenda bien vivos. Resolver el problema de la muerte es la clave de la vida.

Nos dice P. Tournier que "la aceptación de la vejez es la mejor preparación para la muerte y que la aceptación de la muerte es la mejor preparación para la vejez" (Nota 39). "La muerte es siempre un enemigo temible y cruel; la Biblia dice que será el último enemigo vencido (1 Corintios 15.26). Jesús mismo sólo la venció aceptándola y aceptando su propia angustia."

Es bueno volver a leer Eclesiastés 12: 1-8, que nos anima a acordarnos del Creador en los días de salud y juventud, saber que llegarán días de enfermedad y vejez, y que volveremos al polvo indefectiblemente.

**5/ Observen, interpreten, apliquen lo que dicen sobre la muerte los siguientes textos:**

a) Juan 14.1-3

b) Salmo 39:4-6

c) Romanos 8:11, 37- 38

d) Hebreos 4.16

e) Eclesiastés 9.10

# e - Los ancianos pueden...

**aceptar las diferencias generacionales** y ser capaces de la autocrítica: criticar y criticarse. No todo tiempo pasado fue mejor. Ver del pasado sus miserias y del presente sus virtudes, ya que generalmente hacemos lo contrario.

Escribe P.Tournier (Nota 23) que "aceptar la propia edad, el cuerpo, el sexo, los padres, la enfermedad, los achaques, las penas, aceptarse a sí mismo, el propio carácter, los fracasos, las faltas que uno comete. Aceptar, no con una actitud fatalista, de pasividad, de renuncia. Significa la palabra aceptar "decir que sí". Decir que sí a la vida toda entera, pues no aceptar envejecer nos bloquea en la evolución, sería vivir a contracorriente de la vida. Preparamos nuestra vejez a lo largo de toda la vida, tomando una actitud positiva, viviendo cada etapa con todo el corazón. Aceptar significa elegir la realidad, elegir libremente entre la realidad y la ficción. No es fácil aceptar la vejez, ni la propia ni la de los seres queridos cercanos, como la de la madre o la del padre que van envejeciendo; o la del amigo que ya nos oye poco y hay que gritarle, y con el cual ya casi que no se puede conversar. La vejez es dura para la mayoría de las personas, y muy dura para algunas.

La vejez acarrea males: sufrimientos físicos, achaques, decadencia; pero "los hombres más lúcidos y valientes son los que se animan a mirar de frente todos estos problemas", nos consuela así el anciano P.Tournier.

Son alentadoras las palabras sobre el tema escritas por Juan Pablo II: "A pesar de las limitaciones que me han sobrevenido con la edad, conservo el gusto por la vida. Doy gracias al Señor por ello. Es hermoso poder gastarse hasta el final por la causa del Reino de Dios" (Nota 24).

6/ **Ejercitemos este último punto. Piense en cosas del pasado que criticarían como malas, y en cosas del presente que alabarían como buenas. Anótelas y comparta en grupo.**

Un anciano y su pequeño nieto van de la mano regresando del colegio. Por el camino un afiche anuncia una enciclopedia que promete la suma del saber al alcance de la mano. El niño reflexiona y dice: "Pero nosotros no necesitamos eso, ¿no abuelo?" "¿Por qué no?" , pregunta el abuelo. "Porque tu sabes todo", responde el pequeño.

# Los ancianos por sí mismos (2)

Sí, otro capítulo sobre lo mismo. Porque lo peor que la persona mayor puede hacer es resignarse a simplemente esperar la muerte. La vida, hasta su último momento, está llena de oportunidades y sorpresas.

## f - La gente mayor puede...

**valorar lo joven** y valorarse a sí mismos. Hablar con los jóvenes, y no pensar que todo lo pasado fue mejor y que del futuro no se puede esperar nada bueno. Derribar así barreras intergeneracionales y transmitir la herencia cultural, el legado de los pueblos.

Recordemos: "Cuando se envejece el diálogo humano cobra importancia". Y amar de verdad es escuchar. Hoy a los ancianos poco se les otorga la palabra, como tampoco se les presta atención cuando hablAn. Hay que aprender a querer a los viejos. Nuestros ancianos están carentes del amor que reanima, vivifica y apoya. El contacto personal, el amor personal, es la mirada que se cruza, la palabra intercambiada, el apretón de manos" (Nota 40).

Dándoles algo así como un mensaje a los jóvenes, Tournier escribe "aproxímate a los viejos, háblales, escúchalos; sortea el prejuicio de que ya no están en onda, que ya no pueden comprenderte, que no tienen nada interesante para decirte. Tendrás buenas sorpresas para descubrir.... El anciano tiene más perspectiva y comprenderá mejor que un adulto los problemas que se le planteen". "Con la edad el espejismo de las bellas teorías se esfuma y queda la realidad vívida"(Nota 41). "Será bueno que los jóvenes escuchen a los viejos, para saber qué es la vida de la boca de quienes la vivieron con plenitud".

**1/ Un ejercicio:**
**a/ Si es anciano, la tarea es entablar un diálogo con algún joven. Esmérese por poder lograr un diálogo fecundo con él, invítelo a tomar un café, una gaseosa, y charlar.**

**Si es joven, haga la tarea inversa, dialogue en la semana con un anciano, procurando intimar, conocerlo, que pueda expresarse, compartirle vivencias, pensamientos, pesares. Tome esta actividad como algo serio y no comparta en grupo la charla que mantuvieron.**

**Respetemos a la otra persona manteniendo el silencio. Sí, puede compartir lo que aprendió de ellos, pero sin dar nombres.**

## g - La gente mayor puede...

**relacionarse con los nietos**. Muchas veces los ancianos asumen un papel de críticos de la educación y crianza de sus nietos, pero esto no ayudará a una buena relación. Más bien Tournier (Nota 42) propone: "Los nietos pueden tener la necesidad de sentirse "hijo único" y pueden encontrar la oportunidad de serlo junto a sus abuelos, si están cercanos".

"Los abuelos pueden a menudo entender a sus nietos mejor que los padres, y darles la seguridad que los pequeños necesitan para desarrollarse".

Pero también, en casi todas las iglesias, hay madres solteras, a veces viudas, divorciadas o abandonadas, y sus hijos carecen de una familia extendida sana. Y para muchas de estas mujeres, la iglesia es su "familia". La gente mayor, especialmente los jubilados que tienen más tiempo disponible, pueden "adoptar" uno o más "nietos postizos". Invitarlos a tomar un helado, cuidarlos cuando su mamá tiene que ausentarse por cualquier razón, prestarles atención cuando se encuentran, como por ejemplo, en la iglesia. Haría bien a los chicos y a los abuelos "postizos".

**2/ ¿Qué experiencia tienen que pueden compartir con el grupo? ¿Qué sugerencias tienen para mejorar la participación de la gente mayor con los chicos?**

## h - La gente mayor puede...

**tener una segunda ocupación**, algo para hacer cuando ya esté jubilada, que sea algo más que un entretenimiento y para lo cual habrá que prepararse con tiempo.

Sería lo contrario a una reacción típica de la vejez que es la de desintegrarse del mundo, en un repliegue sobre sí mismo. Esta segunda ocupación es más libre, no hay cargos, ni contRatos, ni jerarquías, ni salario fijo ni obligaciones de trabajar.

Y tampoco debe ser un proyecto que asumimos porque la jubilación no alcanza. Debe ser más que eso. Si es una ocupación donde se puede recibir algo de beneficio económico, bien. Pero también hay muchas tareas "voluntarias" que no tienen renumeración, pero son válidas por su beneficio a otras personas.

Para todos los discípulos de Jesús, el apostolado fue también una segunda ocupación. Se apartaron de su carrera para lanzarse, llamados por Cristo, a la gran aventura de salvar al mundo.

**3/ Un ejemplo simple sería ocuparse con el mantenimiento del edifico de la iglesia. Pero seguramente hay otros. ¿Pueden nombrar otros?**

## i - Una persona mayor puede...

**desarrollar la creatividad**. Al escribir sobre este tema, P. Tournier nos dice: "Lo esencial es no desanimarse, volverse hacia el futuro y no hacia el pasado; hacer proyectos". "Paso a paso con obras concretas, los ancianos se harán más activos y serán respetados". "Iniciar una tarea que jamás haYamos practicado siempre representa un enriquecimiento y una expansión de uno mismo" (Nota 43).

La enciclopedia Encarta define a la creatividad como "la capacidad de inventar algo nuevo, de relacionar algo conocido de forma innovadora, o de apartarse de los esquemas de pensamiento y conducta habituales". Agrega como atributos de ella a la originalidad, la flexibilidad, la sensibilidad, la fluidez y el inconformismo (Nota 44).

Mucha gente mayor pensaría que no tienen los recursos para hacer algo creativo. Pero si han visto las obras de los "Pintores sin manos", creaciones realmente bellas pintadas con la boca o con los pies, se darán cuenta de que es posible superar casi cualquiera limitación.

Por su parte, Ricardo Zandrino (Nota 45) escribe diciendo que ser creativos significa romper el encierro. Casualmente, la palabra enfermedad proviene etimológicamente de "cerrado". La tarea creativa rompe el encierro y posibilita el descubrimiento de un mundo nuevo, refuerza la autoestima, y produce satisfacción y plenitud. Pero para crear es necesario tener libertad, libertad para dar ser a algo nuevo.

**4/ ¿Qué experiencias tienen ustedes? ¿Cómo pueden animar a los otros miembros del grupo a ser "creativos"?**

## j - La gente mayor puede...

**involucrarse en tareas de la iglesia**. Pero éste es un tema que vamos a tratar en el siguiente capítulo.

# La tarea de la iglesia

En realidad, ésta es una moneda de dos caras. Hay mucho que la persona mayor puede hacer en la iglesia, ya que normalmente tiene más tiempo libre. Hemos hablado ya del tema, pero:

**1/ ¿Qué sugerencias pueden dar ustedes?**

La iglesia tiene también la tarea de velar por los adultos mayores que tenga en su congregación. Hacerse cargo de ellos, especialmente de los que no tengan a quien recurrir, y servirlos (1 Timoteo 5.16).

Una "solución" para muchas familias, cuando los abuelos llegan a cierto nivel de debilidad, es internarlos en un geriático. Pero la internación de un anciano, generalmente, precipita su decadencia física y mental. ".. el pensionista pierde toda personalidad: no es más que un número", dijo Simone de Beauvoir.

Para la persona mayor, el desarraigo del lugar habitual es ya un choque nefasto: "El cambio es uno de los más graves traumas que debe sufrir un viejo". A edad avanzada una simple mudanza puede provocar una catástrofe. Hay que evitar el hospicio en la medida de lo posible. Se recomienda en cambio, servicios de ayuda domiciliaria, más que apertura de casas de retiro. Retardar y evitar la hospitalización es muy importante, pues segrega a las personas de edad. Esto lo escribió P. Tournier hace 30 años, y, actualmente, la situación que ofrecen los geriáticos es deprimente.

Pero frente a las necesidades de la gente mayor, hay servicios que como miembros de la iglesia podemos ofrecerles. Por ejemplo:

1 - Podemos ofrecer respuestas creativas a las necesidades del mundo adulto. Por ejemplo: estimular la creación de un Círculo de Jubilados.

2 - Podemos brindar cuidados físicos, espirituales y afectivos. Por ejemplo: pensar en algoasí como un geriátrico de la iglesia o un Hogar de Día.

3 - Podemos mostrar respeto por cada anciano, por sus necesidades y sus dones. Valorarlos.

4 - Podemos crear espacios de comunión intergeneracional. Restaurar las relaciones entre generaciones.

5 - Podemos aprender a escuchar a jóvenes y a viejos.

**2/ ¿Pueden añadir otros?**

Una manera en que el grupo puede trascender el mero estudio bíblico es poner lo que vamos pensando en práctica. **3/ Procuren, como grupo, materializar alguna de estas propuestas u otra propia. Elijan una y trabajen por concretar la que les parezca más viable o necesaria.**

Lo siguiente es conocido como las "*Bienaventuranzas de la tercera edad*".

*¡Benditos los capaces de comprender que me tiembla el pulso y que mis pasos son lentos y vacilantes!*
*¡Benditos los que se acuerdan de que mis oídos ya no oyen bien y que a veces no entiendo todo!*
*¡Benditos los que saben que mis ojos ya no ven bien, y no se impacientan si se me cae algo de las manos y se rompe!*
*¡Benditos los que no se avergüenzan de mi torpeza al comer y me hacen un lugar en la mesa familiar!*
*¡Benditos los que me escuchan, aunque les cuente mil veces*

*el mismo cuento o los mismos recuerdos de mi juventud!*
*¡Benditos los que no me hacen sentir de más, y me*
*demuestran su afecto con delicadeza y respeto!*
*¡Benditos los que encuentran tiempo para estar a mi lado y*
*enjugar mis lágrimas!*
*¡Benditos los que me tiendan su mano cuando llegue la*
*noche y deba presentarme ante Dios!*

**4/ Analizemos ahora este texto. Extraiga los verbos que muestran las acciones que hacen estos "benditos":**
Ejemplo: comprender, etc.

**5/ Piensen ahora en lo que pueden hacer para estar también entre los "benditos". Elija una acción y póngala en práctica con un anciano que usted conozca y sepa que tiene alguna de las necesidades mencionadas.**
**¡Y ésta no es una tarea solamente para los jóvenes! Los viejos que tenemos más fuerza siempre podemos ayudar a los que tienen menos. Todos los Miembros de la comunidad se necesitan entre sí.**

# A la vejez, ¡juguemos!

T enemos que evitar petrificarnos en el pasado, evitar la rigidificación y mantenernos flexibles en todos los órdenes de la vida. Tenemos que procurar habitar en cuerpos flexibles, para ser personas flexibles.

Comenzamos este estudio citando un material sobre la importancia del juego en el mundo adulto. ¡Prepárense para divertirse un rato!

**1/ Escribió Bernard Shaw que "el hombre que deja de jugar porque se vuelve viejo, se vuelve viejo porque deja de jugar". ¿Están de acuerdo con esto?**

Dice este material, "El Juego y el adulto mayor"(nota 6), que el juego es una actitud hacia la vida que nos permite ser creativos. Jugar es vivir. El hombre no es perfectamente humano si no juega.

El juego nos da la posibilidad de expresarnos, descubrirnos y redescubrirnos. Nos permite abrirnos a experiencias nuevas, conservar la capacidad de asombro, saber controlarnos interiormente, expresar emociones, fantasías y pensamientos. El juego es loespontáneo, es la presencia de la creación frente a la sociedad estructurada. Es el ámbito de la libertad, la ruptura con nuestras propias cárceles.

"Jugar el uno contra el otro significa al mismo tiempo jugar juntos". Gracias al otro puedo jugar, es mi compañero.

El juego también me plantea obstáculos, me pone frente a mis posibilidades y limitaciones. Conservamos la capacidad de jugar durante toda la vida.¡Juguemos entonces!

¿Se animan?

*Tal vez podrían invitar a alguien* que sepa de recreación para que los guíe a jugar unos 30 minutos, por ejemplo, o podrían jugar con juegos que ustedes mismos saben o inventen.

**2/ Después de jugar un tiempo, compartan lo que sintieron, lo que vivieron, lo que aprendieron.**

**3/ ¿Están de acuerdo con lo que leyeron antes?**
**a/ ¿Por qué jugamos tan poco?**

**b/ ¿Qué podríamos hacer para evitar entumecernos, y ponernos duros de cuerpo y de mente? Elaboren propuestas o algún plan para recrearse con más frecuencia.**

Para muchos, el deporte es un "juego" importante. Por supuesto, pocos abuelos pueden seguir jugando fútbol, pero hay alternativas importantes.

Por ejemplo, después de la caminata, la natación es la actividad más recomendada por los médicos en casos de sedentarismo, tabaquismo, alcoholismo, hipertensión, estrés y obesidad. Escribiendo sobre la natación, dijo Jeannette Campbell, quien es una medallista olímpica (Nota 46): "Por eso siempre recomendé la natación como deporte, pero también como actividad recreativa. Y no importa si uno sabe o no nadar, el simple hecho de entrar al agua reconforta el cuerpo. Hasta los 80 años me mantuve en actividad, nadé hasta que el cuerpo me lo permitió. Hoy, a los 85, sigo agradecida a la natación, por todo lo que me dio y por todo lo que me permitió ser como persona. Y sé, por mi experiencia, que nunca es tarde para aprender".

**4/ ¿Qué experiencia tienen ustedes?**

Dos matrimonios, ya ancianos, estaban sentados en un banco del parque, mirando las flores. El uno explicaba con entusiasmo a su compañero su participación en un programa para mejorar la memoria:

—Realmente es una maravilla. Nos explicaron técnicas para no olvidar, para memorizar. Vimos como relacionar un nombre con una cosa. Es realmente impresionante cómo manejan el tema.

—¿Ah sí? ¿Y cómo se llama el programa?

—Pues... no me recuerdo... Ah... ¿cómo se llama esa flor con espinas?

—¿Rosa?

—Ah... cierto.

Se da vuelta y pregunta a su esposa:

—Rosa, ¿cómo se llama ese programa para la memoria?

# Conclusiones para pensar

Llegamos al final de este estudio. Espero que les haya sido útil, que hayan podido concretar algunas de las propuestas realizadas o pensar en poner algo en funcionamiento.

Quisiera remarcar algunos puntos para que los atesoremos.

1 - *Revalorar* la ancianidad, verla desde una perspectiva bíblica.

2 - *Valorar* a los adultos mayores. Encontrar dentro de ellos al sabio. Ellos vieron la vida tres veces: Primero como hijos, luego criaron hijos, y habrán compartido la crianza de nietos. Vieron casi la misma película tres veces.

3 - *Recordar* que el hombre no es un engranaje. Que no vale por su producción. Valemos por ser hombres creados a imagen y semejanza de Dios. Dios nos hizo y nos ama porque sí no más, sin méritos, sin obras, sin producción de nada. No nos quiere porque seamos útiles o inútiles. Nos quiere porque nos quiere y así debemos querer nosotros.

El salmista también tenía sus miedos y escribió: "No me desprecies (deseches) cuando sea viejo, no me abandones (desampares) cuando ya no tenga fuerzas". (Salmo 71.9) Dios nos quita los miedos y la iglesia también debe contribuir a erradicar los miedos ofreciendo contención y ayuda.

4 - *Crear* un espacio para los adultos mayores en la sociedad, en la familia, en la iglesia, será el desafío. Y si ya existe, pensar en mejorarlo. Entender que en el futuro habrá cada vez más ancianos a los que deberemos servir. Será un desafío ser una iglesia que tenga lugar para los adultos mayores y en las cuales éstos se sientan bien queridos. Será también un testimonio para el mundo que nos vea y pueda decir: "¡cómo se aman éstos, miren cómo aman a los viejos, cómo los atienden y respetan!"

5 - *Vivir con encanto y certezas*. En esta época de desencantos e incertidumbres, jóvenes y viejos encontramos en Cristo encantos y certezas, alegría y seguridad. A Dios podemos recurrir, es quien nos ofrece vida abundante para todas las épocas de nuestra vida. Amén.


Podemos terminar orando por lo que hemos leído, por las propuestas realizadas, por los planes en marcha, por los cambios que podremos efectuar en nuestras vidas. Dios nos ayude.

# Notas

1 - Revista "Misión" N° 75, "La Revolución", Artículo de Gris. Jorge Galli.

2 - "La Iglesia como comunidad terapéutica", Ricardo Zandrino. página 66/67. "Pequeña".

3 - "¿Qué hacemos con los viejos?" Charla del autor, 1992.

4 - "El geronte ante la posmodernidad", René, Knopoff.

5 - "Un viejo sano", Lic. Graciela Zarebski de Echenbaum.

6 - "El juego y el adulto mayor. "

7 - "La Comunicación del evangelio en el mundo actual", Jorge León, página 168/9

8 - "Tecnología y pobreza", Mario Casalla.

9- "De la soledad a la comunidad", Paul Tournier.

10 - "Aprendiendo a envejecer", Paul Tournier, La Aurora.

11 - Leivi, Miguel - Art.: "La vejez nos llega de modo inexorable"- Diario Clarín, Buenos Aires, 8 de Abril de 2002, página 20.

12 - Nonini, Pablo - Editor - "Siervos hasta el fin". Editorial Distribuidora Alianza, año 2000.

13 - Nonini de Arregui, Amelia - Siervos hasta el fin - "El miniserio de los llamados telefónicos", Buenos Aires, año 2002, páginas 81, 82.

14 - Diario Clarín - Suplemento "Palabra mayor" del 22/10/01, página 5.

15 - Carvalho, Esly , "Familia en crisis" - Editorial Indef, Michigan, EE. UU. 1944, página 65.

16 - Galli, Jorge "La revolución gris" - Misión n° 75.

17 - (Ver nota 10)

18 - Zandrino, Ricardo. La iglesia como comunidad terapéutica. Villa María, páginas 66 y 67.

18 - (Ver nota 10), páginas 293 y 297

19 - (Ver nota 10), página 168

20 - Batista, Vicente. Artículo en "Palabra mayor"suplemento Diario Clarín, 22 Octubre 2001, página 3.

21 - Nonini, Pablo, "Siervos hasta el fin", Editorial Distribuidora Alianza, Buenos Aires, año 2000. "El ministerio de los llamadoS telefónicos", páginas 81 y 82

22 - El mismo título que la nota 21.

23 - (ver nota 10), p. 14

24 - Juan Pablo II, Carta del Santo Padre a los ancianos del 1-10-99, página 5

25 - (Ver nota 10), página 120

26 - (Ver nota 10), página 144

27 - (Ver nota 15), página 65

28 - Marinoff, Lou, "Más Platón y menos Prozac". Editorial Sine Qua Non, página 300

29 - (Ver nota 10), página 152

30 - (Ver nota 10), página desconocida

31 - (Ver nota 10), página desconocida

32 - (Ver nota 10), páginas 293 y 297

33 - (Ver nota 10), página 243

34 - (Ver nota 10), página 243

35 - (Ver nota 10), página 243

36 - (Ver nota 10), página 225

37 Tournier, Paul, "De la soledad a la comunidad"

38 - (ver nota 14), página 8
39 - (Ver nota 10), página 324
40 - (Ver nota 10), página 260
41 - (Ver nota 10), página 108
42 - (Ver nota 10), página 102
43 - (Ver nota 10), página 225
44 - "Enciclopedia Encarta", Microsoft Corporation, 1933-988
45 - Zandrino, Ricardo, "Creación y creatividad", Villa María, capítulos 1 y 3
46 - Diario Clarín, suplemento "Palabra mayor" del 22-10-01, página 8

Nota final: Quisiéramos comunicarnos con usted, saber si el estudio le fue útil, en qué grupo lo utilizó, en qué iglesia, localidad, etc., y también si se le ocurre alguna sugerencia para mejorarlo. Muchas gracias.

Comuníquese con el autor a:
C.A.P.
Irigoyen 623
(2550) Bell Ville, Cba.
TE. 03534-422184.
carlospeirone2002@yahoo.com.ar

# Cómo utilizar este cuaderno

Estos cuadernos son *guías de estudio*, es decir, su propósito es guiarle a usted para que haga su propio estudio del tema o libro de la Biblia que desarrolla este material. El cuaderno propone un diálogo. En él introducimos el tema, sugerimos cómo proceder con la investigación comentamos, pero también preguntamos. Los espacios después de las preguntas son para que usted anote su respuesta a ellas. Esperamos que, por medio del diálogo, le ayudemos a forjar su propia comprensión del tema. No de segunda mano, como cuando se escucha un sermón, sino como fruto de su propia lectura y investigación.

## ¿Cómo hacer el estudio?

1 - Antes de comenzar, ore. Pida ayuda a Dios que le hable y le dé comprensión durante su estudio.

2 - Se deben leer los pasajes bíblicos más de una vez y preguntarse: ¿Qué dice el autor? Aunque muchos utilizan la versión Reina-Valera de la Biblia, conviene tener otra versión o versiones disponibles para comparar los pasajes entre las dos. La "Versión popular" y la "Nueva versión internacional" le pueden ayudar a ver el pasaje con más claridad.

3 - Siga con la lectura de la lección. Responda lo mejor que pueda a las preguntas.

4 - Evite la tendencia de "apurarse para terminar". Es mejor avanzar lentamente, pensando, preguntando, aclarando

## En grupo

El estudio personal Es de mucho valor pero se multiplican los beneficios si lo acompaña con el estudio en grupo. Un grupo de hasta 8 personas es lo ideal. Pero, puede ser que por diferentes motivos el grupo esté formado por usted y una persona más, aun así, es mejor que estudiar solo.

En realidad, estos cuadernos han sido diseñados con ese motivo: estimular el estudio en células, en grupos pequeños. La manera de hacerlo es fácil:

1 - **Usted hace en forma personal una de las lecciones del cuaderno**. Aun cuando pueda haber cosas que no entienda bien, haga el mayor esfuerzo posible para completar la lección.

2 - **Luego se reune con su grupo**. En el grupo comparten entre todos las respuestas de cada pregunta. Puede ser que no tengan las mismas respuestas, pero comparando entre todos las van aclarando y corrigiendo.

Es durante este compartir semanal de una hora y media, este diálogo entre todos, donde se encuentra la verdadera riqueza y que nos provée esta forma de estudio.

3 - **Evite salirse del tema**. El tiempo es oro, y lo más importante es enfocar todo el esfuerzo del grupo en el tema de la lección. Luego, pueden dedicar tiempo para conocerse más y tener un rato social.

4 - **Participe**. Todos deben participar. La riqueza del trabajo en grupo es justamente eso.

5 - **Escuche**. Hay una tendencia de apurar nuestras propias opiniones sin permitir que el otro termine. Vamos a aprender de cada uno, aun de los que, según nuestra

opinión, están equivocados.

6 - **No domine la discusión**. Puede ser que usted tenga todas las respuestas correctas, sin embargo es importante dar lugar a todos, y estimular a los tímidos a participar. No se trata de sobresalir, sino de compartir aprendiendo juntos.

Si en el grupo no hay una persona con experienca en coordinarlo, se puede encontrar ayuda para dirigir un grupo en:

1 - Nuestra página web, www.edicionescc.com. La sección "Capacitación" ofrece una explicación breve del método de estudio.

2 - En las últimas páginas de nuestro catálogo se ofrece también una orientación.

3 - El cuaderno titulado "Células y otros grupos pequeños" es un curso de capacitación para los que desean aprender cómo coordinar un grupo.

4 - Hay algunas guías que disponen de un cuaderno de sugerencias para el coordinador del grupo.

Finalmente diremos que las guias no contienen respuestas a las preguntas ya que el cuaderno es exactamente eso, una guia, una ayuda para estimular su propio pensamiento, no un comentario ni un sermón. Le marcamos el camino, pero usted lo tiene que seguir.

Que el Señor lo acompañe en esta tarea y si necesita ayuda, comuníquese con nosotros. Estamos para servirle.

www.ingramcontent.com/pod-product-compliance
Lightning Source LLC
Chambersburg PA
CBHW060654030426
42337CB00017B/2617